Photo de couverture : Autoportrait

A mes enfants :   Arnaud,
　　　　　　　　Alexandra,
　　　　　　　　Thomas.

A mes petits-enfants :   Adrien,
　　　　　　　　　　　Stanislas,
　　　　　　　　　　　Axel,
　　　　　　　　　　　Chloë

Jacques Favre de Thierrens

(1895-1973)

PROLOGUE

Jacques Favre de Thierrens est né à Nîmes le 18 février 1895.

Il est issu d'une grande famille protestante suisse du canton de Vaud. Le village de Thierrens fusionnera en 2013 avec d'autres pour former la nouvelle commune de Montanaire.

Sa famille décide d'émigrer en France, en Provence au XVIII° siècle. Elle s'installe d'abord à Nice puis en Avignon et enfin, au début du XIX°, à Nîmes.

Son père, Charles (1864-1946), gère les affaires créées par son père et son grand-père. Il épousera en 1886, Gabrielle Soulas (1867-1957). De cette union, naîtront :

- Roger (1888-1891)
- Ernest Charles Louis "Maurice" (1893-1969)
- Jean Paul "Jacques" (1895-1973)

Les Favre de Thierrens habitent à cette époque sur le quai de la Fontaine, demeure de l'aristocratie nîmoise et Charles, excellent cavalier, parcourt, tous les matins, à cheval le quai de la Fontaine.

Le style des demeures dans lesquels Jacques a été élevé, la culture de son père et le goût raffiné de sa mère ont contribué à développer ses vocations. Son enfance est heureuse et après des études secondaires au lycée de Nîmes, Jacques, attiré par la vie d'artiste, se rend à Paris, avec l'aide financière de ses parents, pour y préparer le concours d'admission à l'école des Beaux-Arts qu'il réussira.

Il fréquente l'atelier de Gabriel Ferrier*, peintre Nîmois et enseignant à l'école des Beaux-Arts.

Nous sommes en 1914, il n'a pas encore 19 ans.

Gabriel Ferrier (1847-1914) est lauréat du prix de Rome en1872. Il obtient une médaille d'or à l'exposition universelle de 1889. Il devient par la suite enseignant à l'Ecole des Beaux-Arts de Paris. Il est membre de l'Académie des Beaux-Arts à partir de 1906.

LA GRANDE GUERRE

Son frère Maurice, de 2 ans son ainé, est incorporé comme officier de cavalerie. Jacques n'est pas encore mobilisable mais il souhaite devancer l'appel. Il revient à Nîmes et le 10 décembre 1914, il est rattaché au 38ème régiment d'artillerie.

Là, il côtoie Guillaume Apollinaire* qui, dans une lettre à Louise de Coligny-Châtillon, écrira le 17 décembre 1914 : « *Je suis maintenant avec un groupe du peloton où il n'y a que des polytechniciens, des centraux et des gens très riches de Nîmes, surtout un gros type nommé Favre de Tirens* (sic) ».

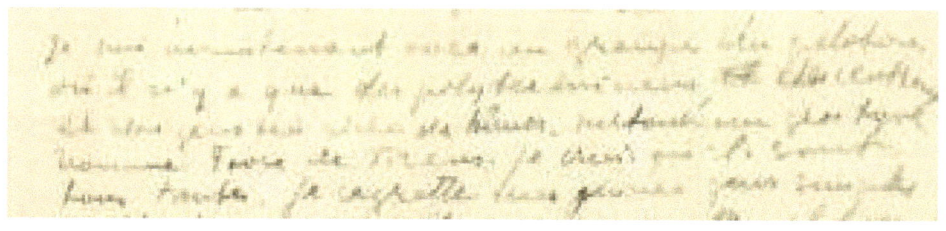

Guillaume Apollinaire (1880-1918) est un poète français d'origine polonaise. En 1914, il s'éprend de Louise de Coligny-Châtillon (1881-1963) qui le rejoindra à Nîmes pendant une semaine. ils rompent en 1915 et Il part avec le 38e régiment d'artillerie pour le front de Champagne le 4 avril.

Source Ministère des armées

Mais Jacques veut être officier. Il passe l'examen pour intégrer l'école de Fontainebleau où il sera reçu mais il n'y restera pas. En décembre 1915, il rentre à l'école d'aviation d'Etampes et obtient le 12 mai 1916, son brevet de pilote (n° 3398). Il suivra un stage de perfectionnement à l'école militaire de Châteauroux jusqu'au 23 juillet 1916. Fin juillet 1916, il est affecté à l'escadrille F 215 dans la Somme.

Cette escadrille est spécialisée, outre ses missions de chasse, dans la prise de photographies lors de vols de reconnaissance.

Les aviateurs, à cette époque, souhaitent porter quelque chose qui ressemble le moins possible à un uniforme. Jacques se distingue avec son pull-over écarlate qu'il ne quitte jamais. Il devient pour ses camarades "Favre Le Rouge".

Le 17 septembre 1916, son avion est criblé de balles de mitrailleuse au cours d'une mission de reconnaissance à très basse altitude mais Jacques poursuit sa mission.

Le 7 octobre 1916, son avion est atteint par un obus mais il réussit, grâce à son adresse et son sang-froid, à regagner les lignes et à atterrir avec un appareil très gravement endommagé qui s'est brisé à quelques mètres du sol.

Pour ces deux actions, il est cité au corps d'armée le 17 novembre 1916 avec le commentaire suivant, signé par le Général Paulinier (1861-1927) : « Dès son arrivée au front s'est révélé comme pilote très habile, brave et courageux. A rendu de grands services au cours des opérations des mois d'août et septembre … »

Mais, déçu, il écrit à sa mère : « J'avais espéré une citation à l'Armée. J'estime que ce que j'ai fait valait une citation à l'Armée. On me l'avait promis. »

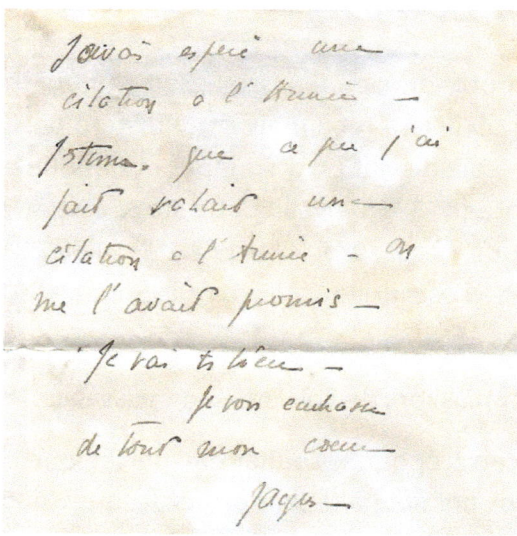

En décembre 1916, Il est blessé et sera en convalescence jusqu'au 19 janvier 1917.

Après sa convalescence, il rejoint son escadrille à Fismes -la-Cense dans la Marne. Elle change de nom en octobre 1917 pour devenir la SPA 62 et adopte comme emblème le coq pour montrer l'esprit combatif et le courage des aviateurs. Désormais la SPA 62 est connu sous le nom de l'escadrille des « coqs », le dessin peint au pochoir sur le fuselage des avions évoluera au fil des mois pour devenir un coq agressif, tête basse et plumes au vent. La devise est en latin : "Unguibus et rostro", des ongles et du bec.

Le 21 octobre 1917, chargé de protéger un biplan, Jacques voit un avion allemand. Il se porte au-devant de l'ennemi et l'abat après un rude combat. Il sera cité à l'ordre de l'armée le 29 octobre avec le commentaire suivant, signé par le général Maistre (1858-1922) : « Officier pilote d'une haute valeur morale. Toujours volontaire pour les missions périlleuses, pour tous est un exemple d'entrain, de bravoure et de dévouement. »

Le 6 décembre 1917, il obtient sa deuxième victoire en abattant un avion ennemi près de Colligis au sud de Laon.

En mars 1918, les allemands lancent une offensive de grande envergure, entre Arras et la Fère. Une seconde offensive enfonce le front français de l'Aisne et emmènent les allemands à la lisière de la forêt de Villers-Cotterêts à l'ouest et sur les bords de la Marne, à Château-Thierry au sud. La région de Meaux forme une zone tampon entre le front et Paris et la défense de ce secteur est organisée par l'armée française.

Dès mars 1918, la direction de l'aéronautique entreprend la réquisition de vastes étendues de champs dans la région. Des terrains sont organisés notamment à Charmentray où la SPA 62 séjournera.

Le 15 mai 1918, au cours d'une mission photographique qu'il protège, Jacques abat un LVG type C au-dessus de Monampteuil au sud de Laon et ce, après un combat contre un ennemi supérieur en nombre.

Le 25 mai, il abat un biplace au sud-est de Soissons, dans la région d'Ambrief.

Le 31 mai, alors que les allemands progressent dans la région de l'Ourcq, il abat un ennemi qui tombe près d'Ivord, au sud-ouest de Villers-Cotterets.

Le 4 juin, il obtiendra sa sixième victoire homologuée en abattant un avion ennemi au-dessus de l'Aisne, sur l'arrière front allemand de la zone Château-Thierry-vallée de l'Ourcq alors que Les nuages omniprésents sur la région obligent le dispositif français à descendre à 1200 mètres.

Il est nommé Chevalier de la Légion d'Honneur le 12 juin 1918 en qualité de Sous-Lieutenant et reçoit, à cette même date, la Croix de Guerre avec palmes.

Il sera de nouveau cité à l'ordre de l'armée le 12 juillet 1918.

Jacques a accompli 104 reconnaissances, a été cité sept fois à l'ordre de l'armée et avec 6 victoires homologuées et une non homologuée, il est le plus jeune des 182 pilotes que l'on nomme « Les As ».

En mai 1919, Le Lieutenant Jean Paul "Jacques" Favre de thierrens prend le commandement de la SPA 62. Il a 24 ans.

Le 13 septembre 1919, il est démobilisé et regagne son appartement de Paris, avenue Matignon.

Le Sous-Lieutenant Jacques Favre de Thierrens

Photo collection colonel Michel Caplet.

Officiers pilotes et observateurs de l'escadrille SPA 62 pendant leur séjour sur le terrain de Charmentray (à l'ouest de Meaux) du 9 juin au 31 août 1918. Jacques Favre de Thierrens est le 4ème en partant de la gauche au 2ème rang debout.

L'ENTRE DEUX GUERRES

Le 18 octobre 1919, lors du mariage d'un de ses cousins qui épousait la fille d'un industriel de Belfort, jacques s'éprend de la sœur de la mariée et se fiance le jour même. Il se marie avec Anne-Marie Marguerite Bosch (1898-1943) le 27 janvier 1920.

Ils auront deux enfants : une fille, Claude (1921-1999) et un fils, Jean-Pierre (1922-1995).

Maurice et Jacques ont hérité d'Albert Tourneysen dont l'épouse, Théonie Soulas, est une tante de leur mère. Les Tourneysen n'ont pas de descendance. Cette succession est constituée d'une propriété à Lédenon* dans le Gard et d'un hôtel particulier à Nîmes, place Questel.

Jacques va désormais pouvoir s'adonner à sa passion : collectionner les

---

La maison de Lédenon a été construite par la famille Tourneysen. Il s'agit d'un édifice du XVIII° entouré d'un grand parc qui abrite toujours aujourd'hui le tombeau des parents d'Albert : Marie Tourneysen décédée le 14 octobre 1838 et Jean Jacques Tourneysen décédé le 11 novembre 1857.
Les Favre de thierrens ont vendu cette propriété à la commune en 1958 qui y installera la mairie en 1963.

œuvres d'art, bronzes, pièces d'orfèvrerie ou tableaux.

Il parcourt les routes avec son cabriolet Renault de 40 cv à la recherche de l'objet d'une qualité remarquable, de par son origine et son histoire. Une fois son acquisition trouvée, il ne la quitte plus, la regarde, la touche et la caresse pendant plusieurs jours jusqu'à la prochaine trouvaille.

Le 15 février 1930, il est nommé Officier de la Légion d'Honneur en qualité de Lieutenant.

Il touche également, brièvement, au cinéma. D'abord en 1931 en qualité d'assistant réalisateur puis en 1932, il est Directeur de production de « Panurge », un film avec Danielle Darrieux.

Pour ses amis, ce propriétaire foncier brasse des affaires variées, il est industriel, négociant, cinéaste. Mais en fait, Jacques a toujours une activité au sein de l'armée.

Il est un agent des services spéciaux, un agent secret du renseignement intérieur chargé de missions de contre-espionnage.

Ce service est placé sous la direction du Colonel Louis Rivet* et du Capitaine Paul Paillole* lorsque la guerre éclate en 1939.

Louis Rivet (1883-1958) a été commandant des services spéciaux militaires français à partir de juin 1936. Il devint en 1940 responsable des services spéciaux du régime de Vichy avant de rejoindre Alger en novembre 1942. Il démissionna puis fut mis à la retraite en 1944.

Paul Paillole (1905-2002) est un officier des services spéciaux de renseignements français, à la tête du contre-espionnage militaire et clandestin entre 1935 et 1945.

LA DEUXIEME GUERRE

La signature, le 22 juin 1940, de l'armistice coupe la France en deux : au nord une partie occupée par l'Allemagne et au sud une « zone libre ».

La convention d'armistice interdisant à la France d'organiser des services spéciaux, le colonel Rivet, le capitaine Paillole et les cadres du contre-espionnage font serment de poursuivre dans la clandestinité la lutte contre les services spéciaux ennemis. Ils bénéficieront de l'appui du général Weygand*, ministre de la Défense dans le gouvernement Pétain, pour réaliser les structures adaptées à cette lutte. Le 25 août 1940, la commission d'armistice autorise la création d'un « Service des menées antinationales ».

Il s'agit d'un service de renseignement « camouflé » comportant une double structure : la mission officielle du Bureau des menées

---

Maxime Weygand occupe le poste de ministre de la Défense nationale dans le Gouvernement de Vichy, pendant trois mois (juin 1940 à septembre 1940). Il reste hostile aux Allemands, et conçoit la Révolution nationale comme un moyen pour la France de se redresser moralement et matériellement et de prendre un jour sa revanche contre l'Allemagne. Cette opposition de Weygand à une politique de collaboration active pousse les Allemands à réclamer son limogeage antinationales (BMA) est la lutte contre l'espionnage, le sabotage, les menées communistes, et plus généralement « antinationales ». L'élément clandestin est un service dont la mission secrète consiste notamment dans l'exploitation des renseignements accumulés par les « Travaux Ruraux » (TR) dirigés par Paillole.

Celui-ci demande à Jacques d'infiltrer les BMA.

Jacques va ainsi se retrouver à Vichy à la direction des BMA qui lui envoient de toute la France des renseignements sur des individus qu'il doit mettre en fiches. Pour ne pas porter préjudice aux personnes concernées, il établit de fausses fiches qu'il communique selon la nature des renseignements soit au régime de Vichy soit à Paillole.

Les TR purent débusquer et faire arrêter des agents de l'Abwehr, le service de renseignement de l'état-major allemand.

François Mitterrand, futur Président de la République Française de 1981 à 1995, a travaillé sous la responsabilité de Jacques. Il déclarera dans un interview à Jean-Pierre Elkabbach sur France 2 le 12 septembre 1994 :

« Le responsable de ce service était un personnage haut en couleur, qui a commencé par me dire : « Surtout, si vous venez chez moi, il faut faire tout le contraire… » Il s'appelait Favre de Thierrens ».

Jacques est informé que les allemands vont saisir les archives du contre-espionnage français. Il propose à Paillole de les cacher dans sa propriété de Ledenon. Ces archives vont être transférées à Ledenon en octobre 1942 et murées dans les caves.

En novembre 1942, suite au débarquement allié en Afrique du nord, les allemands envahissent la zone libre et en mai 1943, la gestapo s'empare des archives de Ledenon et les transfère en Tchécoslovaquie où l'armée russe les saisit en 1945. Ce n'est qu'en 1994 qu'elles seront rendues à la France.

Après cet incident, Jacques doit se résoudre à la clandestinité et se cache chez des amis, en Corrèze.

A la libération, il est nommé, le 11 mai 1946, Commandeur dans l'ordre de la Légion d'Honneur, en qualité de Lieutenant-Colonel.

L'APRES-GUERRE

Jacques partage maintenant sa vie entre son appartement de Paris, avenue Matignon, son hôtel particulier à Nîmes, place Questel, et la propriété de Saint-Bonnet dans le Gard qui vient du côté de la famille de sa mère, les Soulas.

Il continue ses collections d'œuvre d'art, principalement en argenterie.

Un jour, en 1950, à Saint-Bonnet, il retrouve ses affaires de peinture et se remet à peindre, pour se distraire. Il raconte, à qui veut l'entendre, que, manquant de peinture verte, il prit un tube dentifrice à la chlorophylle en remplacement.

En 1953, un de ses amis admirant ses tableaux, lui propose de lui présenter Paul Petrides, propriétaire d'une galerie à Paris, rue de la Boétie.

En juillet 1955, Jacques expose pour la première fois : c'est un succès. Les critiques sont unanimes. Un an plus tard, une nouvelle exposition connait un triomphe. Dès lors, il expose régulièrement tous les deux ans à la galerie Paul Petridès, en alternance avec des expositions dans diverses villes de France, en Suisse et aux Etats-Unis.

Le 9 janvier 1961, Jacques est nommé Grand Officier de la Légion d'Honneur, en qualité de Colonel. Le Général Catroux lui remet les insignes le 22 février de la même année.

Source Légion d'Honneur

Georges Catroux (1877-1969) est un général d'armée, ministre de la IVe République. Il fut l'un des principaux généraux ralliés au général de Gaulle après l'appel du 18 juin et joua un rôle prééminent dans l'action de la France libre

Le Colonel jacques Favre de Thierrens

Malheureusement, sa vue se dégrade et en 1971, il arrête de peindre.

Jacques Favre de Thierrens meurt à Paris le 17 octobre 1973, à l'âge de 78 ans. Il est inhumé au cimetière protestant de Nîmes, route d'Alès.

Photo Midi Libre

Les honneurs militaires lui ont été rendus en présence de nombreuses personnalités tandis que la musique de la 4ème région aérienne jouait la « Marche funèbre » de Chopin.

Sa vie a été bien remplie. A vingt ans, il est aviateur et combat dans l'arme qui conserve les traditions de la chevalerie. A trente ans et à quarante ans, il est un collectionneur reconnu tout en effectuant de nombreuses missions pour le service de contre-espionnage. A cinquante ans, il est un artiste renommé.

Peintre de la femme, il aime sa beauté et sa joie de vivre. Elle domine son œuvre, très souvent nue ou vêtue d'un simple châle, elle est son inspiration principale.

Fille aux bas blancs

Etude de Nus

Etude « Maria Calvi »

La sortie du bain

Reflets

Jeune femme à l'iris

Jeune danseuse au repos

Marina sur fond rouge

Peintre de la Provence, il en a peint ses oliviers tourmentés par le mistral, la Camargue sauvage, les monuments et ses bords de mer.

Oliviers

Cheval blanc en Camargue

Saint Bonnet

Course de voiliers

Peintre du mouvement, il a donné de la vie à ses natures mortes.

Fruits d'été

Pommes et citrons sur nappe blanche

Pommes Golden

Pensées bleues dans vase de cristal

EXPOSITIONS

1955	Galerie Paul Pétrides – PARIS
1956	Galerie Paul Pétrides – PARIS
1957	Galerie Robert Schneider – PARIS
1958	Galerie Paul Pétrides – PARIS
1959	Musée Granet – AIX-EN-PROVENCE
1959	Galerie Charles Recio - PARIS
1959	Galerie de Gourgue – BORDEAUX
1960	Galerie Paul Pétrides – PARIS
1960	Musée d'Art Moderne – PARIS
1960	Galerie Charles Recio « Eve 1960 » PARIS
1961	Château Lascombes – MARGAUX
1961	Galerie Charles Recio – PARIS
1961	Galerie Ricard – PARIS

1961	Château de Montsauve - SAUVETERRE
1961	Salon de l'Enclave – VALREAS
1961	Musée de l'Athénée – GENEVE - SUISSE
1962	Galerie Paul Pétrides – PARIS
1962	Château de Montsauve - SAUVETERRE
1962	Chicago Findlay – ETATS-UNIS
1962	April in Paris – NEW-YORK – ETATS UNIS
1962	Galerie de Poche – NÎMES
1963	Galerie Robert Schneider – PARIS
1963	Château de Montsauve – SAUVETERRE
1963	Galerie Charles Recio – PARIS
1963	SOMMIERES
1963	Galerie du Grand Hôtel – LAMALOU-LES-BAINS
1963	Galerie Miroir – MONTPELLIER
1964	Galerie Paul Pétrides – PARIS
1964	Musée d'Art Moderne – PARIS
1964	Château de Montsauve – SAUVETERRE
1964	Salon de LAMALOU-LES-BAINS
1964	Expo-Gard – NÎMES
1965	Galerie Péquignot – LAUSANNE – SUISSE
1965	Galerie Michèle Brabo – CAMARGUE

1965	Musée d'Art Moderne – PARIS
1966	Galerie Paul Pétrides – PARIS
1966	Galerie Michèle Brabo – CAMARGUE
1966	Galerie Bosc – PARIS
1966	Palais Galliera – PARIS
1966	Galerie Miroir – MONTPELLIER
1967	Galerie Michèle Brabo – CAMARGUE
1967	Galerie du Grand Hôtel – LAMALOU-LES-BAINS
1967	Galerie Miroir – MONTPELLIER
1967	Galerie Ducastel – AVIGNON
1967	Galerie Merenciano – MARSEILLE
1968	Galerie du Grand Hôtel – LAMALOU-LES-BAINS
1968	Galerie du Carlton – CANNES
1968	Galerie Merenciano – MARSEILLE
1968	Galerie du Languedoc – BEZIERS
1968	Galerie Paul Pétrdes - PARIS
1970	Galerie Merenciano - MARSEILLE

L'Association « Les Amis du Peintre Jacques Favre de Thierrens » a organisé deux rétrospectives de son œuvre :

2010	40ème Salon des Antiquaires – NÎMES
2012	Mairie du 5ème arrondissement – PARIS

DISTINCTIONS

Légion d'Honneur
Chevalier :   3 août 1918
Officier :   15 février 1930
Commandeur :   11 mai 1946
Grand-Officier :   9 janvier 1961

Croix de guerre 14-18
Décoration militaire française destinée à distinguer des personnes pour récompenser l'octroi d'une citation par le commandement militaire pour conduite exceptionnelle au cours de la Première Guerre mondiale.

Croix du combattant 14-18
Décoration française qui récompense ceux qui ont été volontaires pour servir au front dans une unité combattante durant la première Guerre mondiale

Médaille de la Victoire
Sont concernés par cette médaille interalliée tous les militaires ayant servi trois mois entre le 2août 1914 et le 11 novembre 1918 dans la zone des armées. Gravée librement par chaque nation, cette décoration devait toutefois représenter à l'avers une victoire ailée et sur le revers l'inscription traduite dans la langue du pays « *La Grande Guerre pour la Civilisation* » sur un module en bronze d'un diamètre de 36 mm. Le ruban, identique pour toutes les puissances, figurait deux arcs-en-ciel juxtaposés par le rouge avec, sur chaque bord, un filet blanc.

Médaille commémorative 39-45
Cette décoration marque la participation active durant la seconde guerre mondiale.

Commandeur du Nichan Iftikhar (Ordre de la Fierté)
Ancien ordre honorifique tunisien attribué pour récompenser des services civils et militaires aussi bien aux ressortissants tunisiens qu'étrangers. Il est décerné jusqu'à l'abolition de la monarchie et la proclamation de la République le **25 juillet 1957**.

Commandeur du Million d'Éléphants et du Parasol blanc
Ordre du **Laos**, alors sous **protectorat français**, qui récompensait les services exceptionnels **civils** et **militaires**. Il a été supprimé avec la fin de la monarchie au Laos le 1er décembre 1975.

BIBLIOGRAPHIE

Ghislain de Diesbach – *Favre de Thierrens, essai biographique* – Emile-Paul

« *Destins hors-serie* », *Favre de Thierrens* – Imprimerie Moderne, Nîmes

Waldermar George – *Jacques Favre de Thierrens* – Edition Orféa

Jean Bardy – *Vision sur Favre de Thierrens* – Edition Vision sur les arts

Marthe Issoire – *Jacques Favre de Thierrens, Plume et Palette* – Edition Lacour

Frédérique Taulelle – *Jacques Favre de Thierrens, catalogue raisonné* – Imprimerie Notre-Dame

Frédérique Taulelle – *Jacques Favre de Thierrens, Dessins et aquarelles* – Imprimerie Notre-Dame

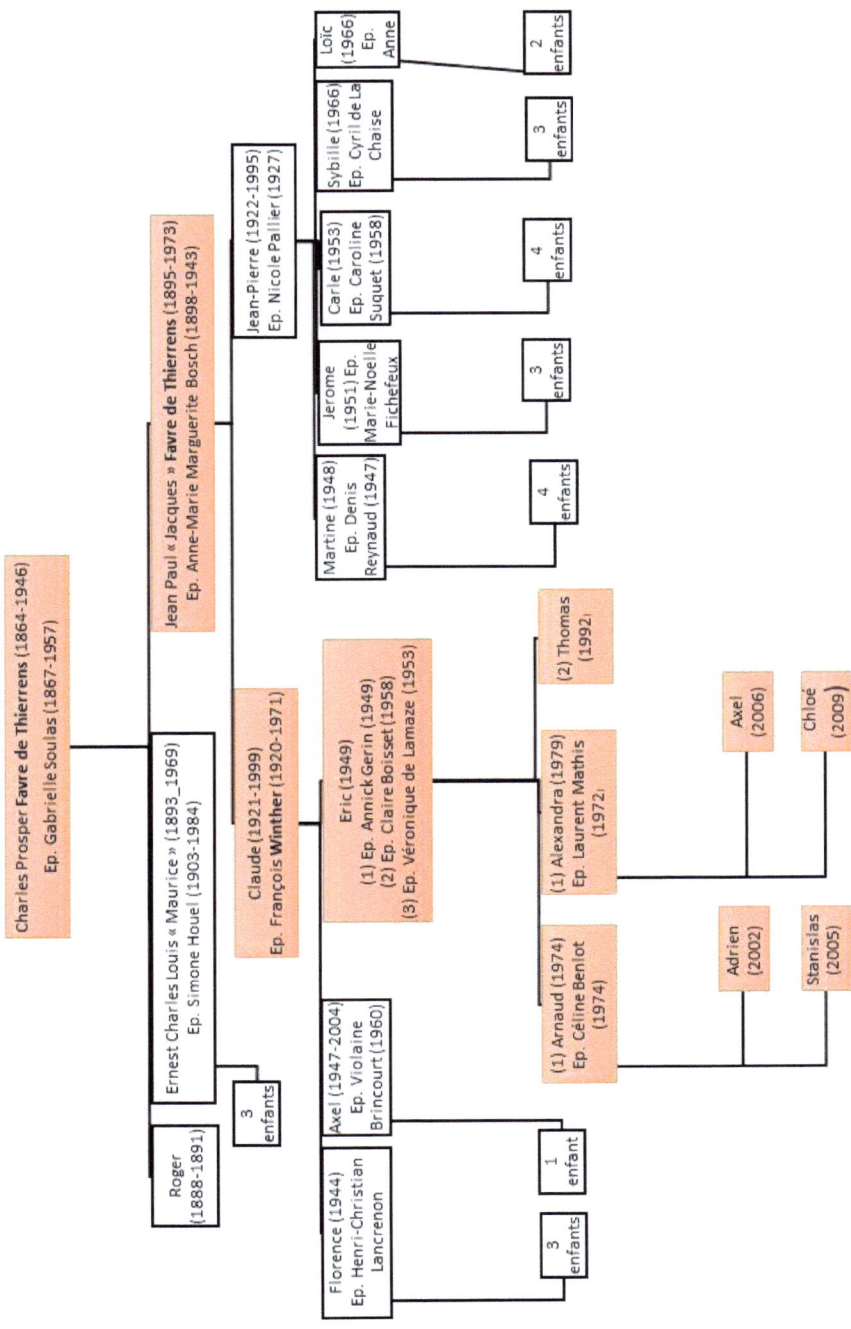

SOMMAIRE

Prologue — page 1

La grande guerre — page 3

L'entre deux guerre — page 11

La deuxième guerre — page 13

L'après guerre — page 16

Liste des expositions — page 29

Distinctions — page 33

Bibliographie — Page 36

Généalogie — Page 38